AF509661

DE LA
PEINTURE SUR VERRE,

OU

NOTICE HISTORIQUE

SUR CET ART DANS SES RAPPORTS

AVEC

LA VITRIFICATION,

Par E. THIBAUD.

Lu le 4 décembre 1835, a l'Académie royale des sciences, belles-lettres et arts de Clermont-Ferrand, qui en a voté l'impression.

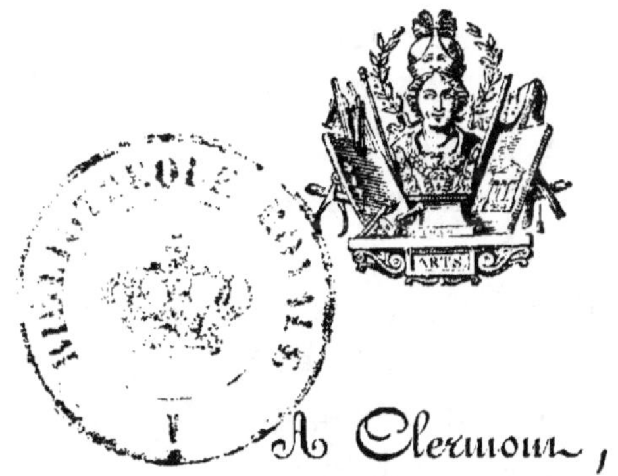

A Clermont,

DE L'IMPRIMERIE DE THIBAUD-LANDRIOT,

Libraire, rue Saint-Genès, n° 8.

—

DÉCEMBRE 1835.

DE LA

PEINTURE SUR VERRE,

ou

NOTICE HISTORIQUE

SUR CET ART

DANS SES RAPPORTS AVEC LA VITRIFICATION.

I.

Notre époque est décidément en progrès : ce fait trouve maintenant peu de contradicteurs ; quant à moi, je le crois exact, et le signale au moins pour tout ce qui se rattache aux arts. Que ce mouvement artistique soit peu sensible, toujours est-il qu'il existe ; il nous enveloppe de toutes parts, il s'infiltre dans nos mœurs avec nos monumens, nos livres, nos croyances, et chacun, sans s'en apercevoir, travaille à cette œuvre de régénération. Le passé est fouillé sans relâche ; on relève avec vénération des débris que, hier encore, on méprisait ; c'est ce qui a fait dire que l'art actuel se traînait dans une servile imitation, et que ses produits n'étaient que de faibles pastiches ; comme si les siècles que nous désignons comme types ne s'étaient pas inspirés de souvenirs ; le moyen âge par ceux de l'Orient et de l'Égypte ; la renaissance par les chefs-d'œuvre des Grecs et de l'Italie.

Dans ce pêle-mêle de réédification, j'ai voulu aussi apporter mes matériaux ; la route où je les cherchais était presque inconnue et peu fréquentée ; j'ai été heureux d'y rencontrer un ami (1), voué aussi à l'étude et à l'art, qui a voulu associer ses travaux aux miens, et faire en commun des recherches longues et pénibles.

Après des essais souvent infructueux, mais enfin couronnés d'un plein succès, nous avons résolu d'utiliser nos travaux en vitrification, en les faisant servir à décorer nos monumens religieux, et contribuer ainsi à leur rendre, avec leurs belles verrières colorées, le caractère distinctif de l'époque éminemment religieuse qui les éleva.

Depuis quelques années, la peinture en couleurs vitrifiables est pratiquée avec succès à Paris, et notamment à la manufacture royale de Sèvre ; la verrerie de Choisy-le-Roi produit aussi de très-beaux verres colorés ; néan-

____

(1) M. Thevenot, membre de la société académique de Clermont.

moins le préjugé, né d'un siècle de mauvais goût, que le *secret* de peindre sur verre était perdu à tout jamais, est encore enraciné partout, et des hommes, du reste fort éclairés, le partagent avec la foule. Il était donc de notre intérêt de préparer le public à juger avec connaissance de cause des produits que nous allions mettre sous ses yeux.

C'est ce motif qui m'a porté à publier quelques notions historiques sur l'art de la peinture sur verre, ou plutôt de la peinture vitrifiée.

Les restaurations dont nous avons été chargés pour l'église cathédrale de Clermont, et nos recherches sur ce qui nous reste des monumens de la peinture sur verre, m'ont mis à même de joindre à cette notice des dessins exacts, auxquels j'ai laissé, autant que possible, toute la naïveté de composition de ces premiers âges de la peinture.

II.

ORIGINE ET ANTIQUITÉ DU VERRE.

L'art de la vitrification est presque aussi ancien que le monde, ou du moins sa découverte a dû suivre de près celle des métaux et de la poterie. Des recherches fort curieuses et de longues dissertations ont été faites à ce sujet. Pline (et tous ceux qui sont venus après lui l'ont répété), a fait un conte peu croyable sur la manière dont le verre fut découvert sur les bords du Bélus. Des marchands phéniciens, arrêtés dans cet endroit, et voulant faire cuire leurs alimens, se servirent pour entourer le foyer de quelques morceaux de nitre; l'action du feu les ayant fait fondre et incorporer avec le sable ou d'autres matières vitrifiables qui se trouvaient dans le foyer, procurèrent de petites masses de verre. Merret (1), en homme expérimenté dans son art, assure qu'il est impossible de faire jamais du verre en brûlant ainsi en plein air, toute plante ou matière propre à cet usage, en telle quantité que ce puisse être, quand on y emploîrait l'action du feu le plus violent. Tout ce qu'on peut induire de ces récits, c'est que le sable du Bélus a pu se trouver plus propre que tout autre à produire de beau verre. Cependant, sans pouvoir, plus que tous ceux qui ont écrit sur cette matière, assigner une date certaine à cette découverte, je me contenterai de rapporter l'opinion commune,

―――――――――

(1) Merret, Art de la verrerie, trad. par d'Holbach

qui l'attribue aux Phéniciens, qui exerçaient cet art il y a plus de trois mille ans. « Ils le portèrent, dit-on, à la dernière perfection, et avaient d'immenses verreries, dans lesquelles on fabriquait des verres colorés imitant parfaitement les pierres précieuses. »

Les Grecs, par leurs relations avec les peuples de l'Asie, surent de bonne heure apprécier l'usage du verre et connaître les moyens de le fabriquer. Les Romains connurent tout le prix de cet art long-temps avant de le mettre en pratique. Les dernières pages de leur histoire nous apprennent que tous les produits de la vitrification étaient un des plus grands objets de luxe pour les plus opulens d'entre eux. La coupe que Néron brisa, dans un mouvement de colère, avait coûté 6,000 sesterces (environ 1,200 fr. ; Pétrone, avant de mourir, fit briser un vase d'un plus grand prix encore, de peur de le voir passer à l'usage du tyran. Cependant les verreries romaines se multiplièrent d'une manière prodigieuse sous les empereurs, et M. de Caylus, dans son Recueil d'antiquités, nous apprend que les verriers romains avaient porté leur art au plus haut degré de perfection. « Ils profilaient le verre, le tournaient et le gravaient avec une adresse admirable ; le nombre des procédés qu'ils connaissaient pour l'employer et l'embellir est très-étendu, et nous sommes bien éloignés de connaître toutes leurs opérations. » On conserve dans les cabinets des curieux une foule de leurs ouvrages qui viennent appuyer cette opinion. M. Ledru, architecte du département, possède, parmi un grand nombre d'objets précieux, recueillis par ses soins dans le pays, plusieurs fragmens de vases coulés avec beaucoup d'art, et dont les couleurs variées et les veines factices imitent assez bien les agates. Ces vases provenaient des ateliers romains, puisqu'ils furent trouvés avec d'autres objets portant évidemment le cachet de ces maîtres du monde.

III.

LE VERRE EMPLOYÉ AUX FENÊTRES.

Malgré l'usage bien répandu du verre parmi les anciens, rien ne nous apprend qu'ils aient su l'appliquer à leurs fenêtres. On a cru comprendre, d'après différens passages de leurs écrivains, qu'ils se servaient pour garnir les compartimens des fenêtres d'une pierre diaphane, *lapis specularis*, qui approchait du verre par sa transparence et son éclat. Cependant on serait tenté, d'après Lactance (1) et saint Jérôme (2), de faire dater cet emploi du verre de la fin du troisième siècle. Toujours était-il en vigueur au sixième siècle ; car (3) Fortunat de Poitiers ne tarit pas d'éloges pour les évêques qui ornaient leurs églises de grandes fenêtres vitrées, et ses poésies rappellent souvent l'effet merveilleux qu'elles produisaient aux rayons du soleil levant.

Mais aucun auteur ne nous apprend positivement si les verres employés dans les églises étaient blancs ou colorés, et il faut s'en tenir à des inductions. Le verre de couleur fut toujours plus estimé des anciens ; les Romains, qui fabriquaient du verre blanc défectueux, eurent surtout une préférence marquée pour le bleu ; les Egyptiens, qui produisaient de très-beaux ouvrages en verre blanc, préféraient aussi le verre coloré. Nous pourrions donc conjecturer que dès l'épo-

---

(1) Lactance. *De opificio Dei*, cap. 8.

(2) *St. Jérome*, cité par Ducange, Glossaire, au mot *vitræ*: Fenestræ quæ *vitro* in tenues laminas fuso obductæ erant.

(3) *Fortunat*, Carmin. lib. 2.
  Prima caput rad os vitreis oculata fenestris,
    Artificisquæ manu clausit in arce diem.
  Cursibns auroræ vaga lux laquearia complet.
    Atque suis radiis et sine sole micat.

que où écrivait Fortunat de Poitiers, les vitres des églises étaient colorées. Son enthousiasme pour le bel effet qu'y produisaient les premiers rayons du soleil ne peut s'expliquer que par des verres colorés ; et Grégoire de Tours, en prenant la peine de parler d'un vol de vitres commis dans une église, vol qui rapporta quelque profit au coupable, doit faire penser que ces vitres étaient colorées, et pouvaient seules exciter au larcin et offrir quelque valeur. Ce passage et plusieurs autres du même auteur n'offrent cependant que des probabilités un peu hasardées. (1)

C'est des Français, et vers le septième siècle, que les Anglais apprirent l'art de la verrerie et de la vitrerie. Ils répandirent cet art pendant le huitième chez les nations germaniques, d'où il pénétra dans le nord.

IV.

ORIGINE ET PREMIÈRE MANIÈRE DE LA PEINTURE SUR VERRE.

La peinture sur verre prit naissance de la peinture en mosaïque. Ce dernier art, poussé

----

(1) *Grégor. Turon.* De gloria martyrum, lib. 1, cap. 59 ; lib. 6, cap. 10 ; et lib. 7, cap 29.

si loin chez les Romains, était très en vogue dans les premiers siècles de l'Eglise pour en orner les murs intérieurs. L'usage s'en étendit même jusques aux murs extérieurs. Les églises du Port, d'Issoire et de St-Saturnin, nous offrent encore des exemples de ces constructions polychromes. Les morceaux de verre coloré qui étaient employés dans la mosaïque et ce genre de peinture, durent nécessairement donner l'idée de l'imiter dans les compartimens des fenêtres. Il ne nous reste malheureusement aucun monument de ces premières vitres peintes, et ce n'est probablement aussi que plusieurs siècles après que l'on pratiqua la peinture sur verre proprement dite. L'origine des plus anciens vitraux que nous ayons en France remonte aux onzième et douzième siècles ; ils se voyaient à St-Denis. Il est remarquable que ce genre de peinture commença et prit le plus d'extension pendant les siècles où on dessina le plus mal : on comprendra facilement, d'après cela, que le travail des premières vitres peintes dut être très-grossier.

Les peintres chimistes de ce temps-là durent chercher une couleur vitrifiable qui, s'incorporant avec les autres, rendît leurs travaux indestructibles, autant que pouvait le permettre la fragilité de la matière. Une couleur noire ou bistre, indiquant d'un simple trait les contours des objets à représenter, suffit alors pour atteindre ce but. Telle fut la première manière de la peinture sur verre, et, sauf les perfectionnemens qu'elle a reçus, c'est ainsi qu'elle est arrivée jusqu'à nos jours.

V.

PRATIQUE DE LA PEINTURE SUR VERRE.

Voici quel était le mécanisme de cet art pendant les siècles dont nous avons pu étudier les produits, et tel qu'il se pratique encore, sauf quelques variations.

Les artistes chargés d'exécuter les vitraux d'une église, avaient d'abord à pourvoir leurs ateliers de plomb, d'étain et de tables de verre de toute sorte de couleurs, qu'ils fabriquaient eux-mêmes ou qu'ils tiraient des verreries. Ils réglaient aussi, d'après le plan des fenêtres et les intentions des fondateurs, l'ordre des ornemens et sujets d'histoire qu'ils devaient y faire entrer. Il fallait ensuite arrêter ces dessins en couleur sur les *cartons* (1), et les *profiler*

---

(1) Le mot *carton*, dans cette acception, vient de l'italien *cartone*, très-grand papier sur lequel les peintres à fresque étaient obligés d'arrêter leurs compositions de la grandeur même qu'elles devaient être exécutées.

avec une exactitude telle, que les pièces in-
nombrables dont chaque panneau devait être
composé, pussent remplir parfaitement l'es-
pace donné, lorsqu'elles étaient réunies au
moyen de verges de plomb cannelées et très-
minces. Ces cartons étaient conservés avec soin
par les entrepreneurs, et servaient probablement à l'exécution des vitraux de différentes
églises de France. C'est du moins ce que ferait
croire la ressemblance des vitres peintes de
notre cathédrale avec celles de Cambrai et de
Limoges. Le travail du carton est extrêmement
long, puisqu'il doit être triple ; le premier
pour servir de modèle dans l'exécution ; le
second pour être découpé en autant de parties que les figures ou ornemens demandent
de morceaux de verre taillés de différentes
formes, et le troisième pour établir ces morceaux dans leur ordre, suivant les contours
du dessin.

Avant le seizième siècle, on n'avait point
encore l'usage du *diamant* ; on se servait alors,
pour couper le verre, d'une pointe de fer
rouge que l'on promenait au revers d'un trait
formé avec une pointe d'acier, qui attaquait
légèrement le verre. On faisait disparaître
les imperfections de la coupe, au moyen d'un
instrument nommé *gresoir* ou *grisoir* : c'est

une espèce de griffe en fer, avec une entaille
à l'extrémité.

Après ces premiers préparatifs, il fallait,
comme je l'ai dit, tracer avec du noir vitrifiable, les contours du dessin, puis ombrer
les draperies, et rehausser le tout par des
clairs, suivant absolument en cela le genre
de travail de la gravure ; colorer ensuite les
carnations et les ornemens d'or. Venait enfin la partie la plus difficile, la *cuisson* ; il
s'agissait de faire passer toutes ces pièces au
feu, pour y parfondre les couleurs qu'on y
avait appliquées. On les étendait pour cela
dans un plateau en fer, sur plusieurs lits de
cendres et de chaux bien recuite ; ce plateau
était porté dans un fourneau où le feu, di-
rigé par gradation et avec le plus grand soin,
faisait entrer les couleurs en fusion de manière à faire corps avec le verre.

A la sortie du fourneau, après un entier
refroidissement, les pièces étaient réunies
sur le troisième carton, et jointes ensemble
au moyen de verges de plomb soudées à chaque jointure. Tous les panneaux qui devaient
former l'ensemble de la croisée une fois terminés, il restait à les assembler et assujettir,
ce qui était extrêmement simple : une barre
de fer scellée horizontalement dans la pierre

était placée à chaque division ; cette barre
était armée de quatre tenons percés de manière à recevoir des clavettes. Les panneaux
étaient ainsi retenus latéralement par les
rainures pratiquées dans la pierre, et à leur
jonction par les tenons et les petites clavettes.
On a essayé depuis de remplacer cette char-
pente de fer par des armatures en tôle plus
délicates, mais beaucoup moins solides, et
plus dispendieuses.

VI.

MONUMENS DES DIFFÉRENS AGES DE LA PEINTURE SUR VERRE EXISTANT EN AUVERGNE.

Il entrait dans mon sujet de compléter
l'historique de la peinture sur verre par des
exemples pris sous nos yeux, et l'Auvergne,
si riche en souvenirs et en monumens du
moyen âge, ne pouvait manquer de nous en
fournir. Les bornes de cette notice ne m'ont
permis que de donner des indications fort
abrégées, un travail plus étendu devant d'ailleurs être fait sur ce sujet.

XIII° SIÈCLE.

J'ai déjà fait connaître l'état de la vitrification auxonzième et douzième siècles ; elle
fit peu de progrès dans le suivant, où seule-

ment le goût du dessin commença à s'amélio-
rer. La cathédrale de Clermont possède un
des monumens les mieux conservés de la
peinture sur verre à cette époque; ce sont
les vitres peintes des chapelles qui entourent
le chœur. On les doit certainement à la
munificence de saint Louis; nous avons une
foule de preuves à l'appui de cette assertion.

La cathédrale actuelle fut commencée en
1248, sur l'emplacement de l'ancienne, et
sous les auspices de Hugues de Latour, évêque de Clermont, peu de temps avant son
départ pour la Terre-Sainte, où il mourut;
les plans furent donnés par Jean Deschamps,
qui y fut enterré en 1280, et c'est durant le
pontificat de Guy de Latour que la construction en fut achevée, c'est-à-dire en trente-sept
ans environ. On n'est plus étonné du peu de
temps qu'il a fallu pour élever un pareil édifice, lorsqu'on sait avec quelle rapidité s'éle-
vaient les monumens religieux à cette brillante époque du christianisme en France. La
sainte chapelle de Paris, fondée en 1242 par
saint Louis, fut achevée en 1247, et se trouva
close et en état d'être dédiée au mois d'avril
1248.

En 1262, saint Louis vint à Clermont pour
le mariage de son fils Philippe; on sait qu'à

celte occasion une quête fut faite parmi les seigneurs de sa suite, pour aider à la construction de l'église, et saint Louis voulant donner l'impulsion, offrit une très-forte somme d'argent. On ne peut douter que les vitraux des chapelles de l'abside ne soient le fruit de ses libéralités; tout y rappelle cette époque, les costumes, les formes encore naïves du dessin, et surtout les armes de France et de Castille, ou, pour employer le style héraldique, le semé de France et de Castille, qui se remarque dans les vitres de la chapelle du chevet de l'église (1).

Chaque chapelle était sous la protection d'un ou plusieurs saints, et les vitraux donnaient leur histoire selon les légendes du temps. Les traditions écrites et ce qui reste de ces vitres, autant endommagées par la maladresse des vitriers que par les siècles, font encore reconnaître le sujet du vitrail, et par conséquent la véritable dédicace de la chapelle. Celle qui forme le milieu du chevet,

____

(1) Les armes de Castille étaient une tour donjonnée d'argent au champ de gueules. Il est probable que la longue régence de la reine Blanche avait habitué à joindre ses armes à celles du roi, ou peut-être avait-elle contribué avant sa mort, par ses pieuses libéralités, aux premières constructions de la cathédrale. Du reste, plusieurs vitres d'églises de ce siècle ont ce même *semé*.

derrière le chœur, était dédiée à saint Jean-Baptiste; puis en partant de celle-ci, du côté du midi, la premiêre à saint Jacques et à sainte Anne, la deuxième à saint Bonnet, la troisième à sainte Foy et à sainte Marguerite, la quatrième à sainte Agathe, la cinquième à saint Arthême; et du côté du nord, en partant de la chapelle de saint Jean, se trouvent la première dédiée à sainte Marie-Magdeleine et aux saints Agricole et Vital, la seconde à saint Austremoine, et la troisième à saint Georges, le patron des chrétiens en croisades. Tous les vitraux des autres chapelles de la nef qui avaient aussi leurs dédicaces, et qui devaient être exécutés dans le même style, ont été détruits, on ne sait à quelle époque.

Entre autres dommages causés à la cathédrale par la grêle du 28 juillet 1835, on doit citer celui qu'éprouvèrent les vitres de la chapelle de saint Georges, et une partie de celle de saint Austremoine. Je joins à cette notice un dessin restauré de tout le vitrail de la chapelle de saint Georges (1); il est le plus remarquable par la dimension des sujets et

(1) Il ne m'a été possible que de joindre à cette notice quelques extraits lithographiés de cet immense fac-simile, qui contien tenviron cinquante sujets.

par la richesse de ton des mosaïques qui leur servent d'encadrement.

La croisée est divisée en quatre croisillons séparés par trois meneaux, et terminés en ogive; chaque croisillon contient dix panneaux de 0,87 de large sur 0,66 de haut chacun (environ quatre pieds huit pouces sur deux pieds); chaque panneau renferme un trait de la vie du saint, les tourmens de son glorieux martyre, ses miracles et son apothéose (1). Les amortissemens de la croisée

------

(1) Les décrets des conciles et les bulles des papes ont peu à peu fait disparaître les vieilles légendes de l'histoire des martyrs, et il serait, je crois, fort difficile de les retrouver intactes; c'est ce qui a lieu surtout pour la vie de St. Georges. Pie V supprima entièrement sa *Leçon* dans le bréviaire romain. Cependant Louis Lipoman, évêque de Véronne, a fait traduire et mis en lumière deux vies de St. Georges, martyr, écrites en grec; l'une par Métaphraste, l'autre par Pasicrates, serviteur de St. Georges. C'est[t] sans doute à cette source qu'on pourrait trouver l'explication du vitrail. Certaines vies des saints en rappellent bien quelques sujets; on reconnaît les différentes persécutions du saint, ses miracles, entre autre celui où il chasse le démon des idoles; on le voit ailleurs précipité dans un puits de chaux vive; dans un autre médaillon, le bourreau lui met aux pieds une chaussure de fer chaud, qu'un ange lui rafraîchit aussitôt; plus loin il est attaché à un poteau et déchiré avec des peignes de fer.

L'un des médaillons représente un personnage portant le bras, un autre la tête du martyre, ce qui rappelle probablement la découverte de ces deux reliques qui furent rapportées en France et à Rome.

Je ne hasarderai aucune explication sur les autres panneaux avant de plus amples recherches.

contiennent trois rosaces, autour desquelles serpentent d'admirables nervures ; la grande rose du milieu représente saint Georges armé de toutes pièces, et revêtu de la tunique blanche à la grande croix rouge des chevaliers croisés. Le cheval est entièrement caparaçonné de blanc avec les croix rouges. Chaque découpure de la rose contient un portrait ; celui du bas serait probablement le portrait de saint Louis.

Il est facile de se convaincre que ces vitres avaient été endommagées et restaurées avec habileté au quinzième ou seizième siècle ; plus tard, de nouveaux accidens furent réparés sans intelligence par les vitriers modernes. C'est aussi au mauvais goût du dix-huitième siècle que l'on doit la perte de tous les panneaux inférieurs de ces belles verrières (1) ; il fallait de la lumière à tout prix, comme si le jour mystérieux qui autrefois venait éclairer ces autels, ne convenait pas mieux au recueillement et surtout aux cendres qui reposaient sous les dalles.

XIVe ET XVe SIÈCLES.

Ce qui reste des vitraux peints des croisées

---

(2) Ces panneaux ne sont cependant pas entièrement perdus, on en retrouve des débris employés dans les restaurations d'autres croisées.

supérieures du chœur, devrait appartenir à
peu près à la même époque, du moins à en
juger par les lettres qui forment le nom de
chaque personnage, tandis que la disposition
des sujets ferait croire qu'ils ont été peints au
quatorzième siècle.

Au quinzième siècle, la peinture sur verre
s'était déjà ressentie des heureuses révolutions
opérées dans les sciences et les arts du dessin.
Jean Eyck, mieux connu sous le nom de
Jean de Bruges, avait découvert en même
temps que la peinture à l'huile, les émaux
ou couleurs métalliques vitrifiables, propres
à teindre la surface du verre d'une manière
aussi solide et aussi transparente que si elles
étaient fondues dans la masse. Ce fut là l'origine de la seconde manière de la peinture sur
verre proprement dite, et telle qu'elle est
parvenue jusqu'à nous. Presque en même
temps, Albert Durer établissait les règles
de la perspective et du clair-obscur. Pendant
ce siècle, on abandonna pour le vitrail le
genre de la mosaïque et les petits sujets; les
artistes se plaisaient à représenter des figures
colossales presque toujours isolées; elles oc-
cupaient le tiers environ d'une des trois ou
quatre ouvertures des croisées gothiques. Les
panneaux du bas étaient réservés aux armoi-

ries des fondateurs ; elles étaient soutenues ordinairement par des anges Les panneaux supérieurs étaient toujours terminés par des flèches gothiques d'un style plus ou moins élégant.

C'est au milieu du quinzième siècle et dans ce goût, que furent peintes les grandes fenêtres de la nef à la cathédrale , par les soins de Jacques de Combort, évêque de Clermont. Ces vitres, assez mal exécutées pour cette époque , avaient éprouvé un premier accident, réparé d'une manière grossière avec des verres blancs badigeonnés à l'huile, lorsque l'orage du 28 juillet les détruisit presque entièrement. La première, qui se trouvait plus abritée, laisse encore distinguer la figure de saint Jacques, patron du fondateur ; dans les amortissemens de l'ogive, son nom en lettres de cinq pouces, et dans le bas son écu, de trois lions de gueule au champ d'or, porté par des anges. Je ne parlerai pas des vitres grossièrement peintes à l'huile au commencement de ce siècle , et qui font face à celles-ci elles n'ont pas même en leur faveur le mérite d'une exécution passable. Les armoiries de Jacques d'Amboise, évêque de Clermont en 1510, et celles de la ville, qui se trouvent mêlées dans les raccommodages de ces croi-

sées, feraient penser qu'il a existé dans l'é-
glise des vitres peintes au seizième siècle ;
mais il n'en reste pas d'autres traces.

Les vitraux de la Sainte-Chapelle de Riom
datent de la fin du quinzième siècle ; on les
doit à Pierre de Bourbon, duc d'Auvergne,
et Anne de France, sa femme, fondateurs
du chapitre. On est porté à croire que ce
sont eux qui sont représentés sur les vitres
du fond, à genoux, les mains jointes, et
leurs patrons placés derrière eux. Ces vitraux,
peints dans le style que j'ai indiqué plus haut,
sont remarquables par le fini de leur exécution, et peuvent servir de transition entre le
quinzième et le seizième siècle.

XVIe SIÈCLE.

Tout le monde sait que le seizième siècle
est la page la plus brillante de l'histoire des
arts ; les souverains de l'Europe rivalisaient
d'efforts et de largesses, pour attirer dans
leurs états les artistes distingués, qui les ont
immortalisés en s'immortalisant eux-mêmes.
La peinture sur verre ne fut pas la dernière
à suivre cet élan général ; les plus grands
maîtres du temps s'en occupèrent, soit en
fournissant des cartons arrêtés et coloriés,
soit en exécutant eux-mêmes leurs composi-

tions. Enfin elle fut portée, à cette époque, au plus haut degré de perfection, surtout en France et dans les Pays-Bas, et il nous en reste encore une foule de chefs-d'œuvre.

C'est à ce siècle qu'appartiennent les belles vitres de la Sainte-Chapelle de Vic-le-Comte, élevée par Jean Stuart, comte d'Auvergne. Dulaure qui, dans tout le cours de sa *Description d'Auvergne*, ne fait aucune mention des vitres des autres églises, fait cependant l'éloge de celles de Vic-le-Comte, et en donne la description suivante :

« Les vitraux de la chapelle offrent encore des peintures magnifiques. Ceux du côté droit représentent tous les mystères de la passion, et ceux du côté gauche, toutes les figures de l'Ancien Testament, qui y ont rapport ; ainsi la manne du désert correspond au mystère de l'Eucharistie, etc.

» Un des principaux vitraux représente, dans sa partie la plus élevée, David avec ses descendans jusqu'à la Vierge ; au-dessous, sont les portraits de *Jean Stuart* et d'*Anne de la Tour d'Auvergne*, sa femme, fondateurs du chapitre ; ils sont l'un et l'autre représentés à genoux devant un prie-dieu chargé de leur blason. Jean Stuart a sur ses épaules un camail sur lequel est le collier de l'ordre de Saint-Michel, et son épouse porte au bras un aumusse (1). »

On trouve à l'église de Notre-Dame du Marthuret, à Riom, deux ou trois fragmens assez remarquables de vitres peintes à des époques différentes du même siècle ; d'autres églises et quelques châteaux en possèdent aussi, qui sont à peine connus.

Le nombre des peintres sur verre qui se distinguèrent alors, est considérable, et la quantité d'ouvrages remarquables qu'ils ont laissés demanderait un volume pour en faire la description. Je citerai cependant Robert Pinaigrier, Jean Cousin et Bernard de Palissy comme les plus célèbres.

VII.

DÉCADENCE DE L'ART PENDANT LES XVIIe ET XVIIIe SIÈCLES.

Les temps de troubles et de divisions intestines n'ont jamais été favorables aux sciences et aux arts ; aussi les troubles de religion commencés sous François Ier, et continués avec

---

(1) Ces deux figures sont gravées dans l'histoire de la Maison d'Auvergne, par Baluze. La plus grande partie des vitraux a disparu, et des mutilations toutes récentes ont même eu lieu dans d'autres parties de l'édifice.

bien plus d'acharnement pendant plus de
cinquante ans, contribuèrent-ils pour beaucoup à la décadence d'un art dont le catho-
licisme était le principal soutien. Les privi-
léges accordés par différens rois aux peintres
sur verre, s'éteignirent ainsi que les verreries, qui autrefois ne suffisaient pas à fournir
le verre coloré. Néanmoins il se fit encore au
dix-septième siècle de fort beaux ouvrages,
et on comptait quelques artistes distingués,
parmi lesquels je suis heureux de pouvoir
citer un Auvergnat, Jacques de Paroy, qui
vivait en 1612, époque à laquelle il termi-
nait les vitres de Saint-Méry. Voici ce que
Audicquer de Blancourt, dans son Traité de
la verrerie, nous apprend de cet artiste : il
le fait naître à St-Pourçain, et le donne pour
un des plus habiles que nous ayons eus pour
la peinture sur verre. Il a écrit sur son art ;
mais son manuscrit est réputé introuvable.
Son génie le portait naturellement au dessin
et à la peinture ; il crut ne pouvoir mieux se
perfectionner qu'en entreprenant le voyage de
Rome, où il étudia très-long-temps sous le
célèbre Dominique Zampini, dit le Domi-
nicain. Après avoir acquis beaucoup d'habileté sous un tel maître, de Paroy passa à
Venise, où il a fait quantité de très-beaux ou-

vrages. De retour en France et en Auvergne,
son pays natal, il en fit encore de fort beaux
dans le château du comte de Catignac, et
depuis à Paris dans l'église de St-Méry. On
voit encore de lui, à Gannat, dans l'église de
Ste-Croix, des vitres peintes où sont représentés les quatre pères de l'Eglise latine, saint
Ambroise, saint Jérôme, saint Augustin et
saint Grégoire. Les têtes de saint Ambroise et
de saint Augustin y sont reconnues pour être
les portraits de MM. de Filhol, dont un était
archevêque d'Aix. Cet habile peintre décéda
âgé de cent deux ans, dans la ville de Moulins.

A la fin du dix-huitième siècle, la peinture sur verre était presque entièrement aban-
donnée. En 1768, il n'existait plus qu'un
seul artiste en ce genre, Pierre Le Viel, qui
a laissé sur son art un traité fort précieux.
La tourmente révolutionnaire vint achever
l'extinction de cet art, en détruisant une
partie de ses chefs-d'œuvre.

VIII.

RENAISSANCE ET ÉTAT ACTUEL DE LA PEINTURE
SUR VERRE.

Le mauvais goût du Directoire, la nudité
et la monotonie des monumens de l'Empire,
n'étaient guère propres à faire revivre la pein-

ture sur verre; d'ailleurs, à cette époque, le préjugé sur la perte de ces secrets était fortement répandu dans toutes les classes. Aussi les premiers essais un peu remarquables ne parurent-ils que vers 1825, en même temps que s'annonçait une réaction artistique, littéraire et religieuse bien remarquable.

Ces heureuses réminiscences des beaux temps de la peinture firent à peine sensation, tant le public était habitué à passer outre; et ces essais, il faut bien le dire, laissaient encore beaucoup à désirer. Cependant nos artistes ne se rebutèrent pas, et bientôt des travaux, habilement dirigés à la manufacture de Sèvre, offrirent d'excellens résultats. En 1832, on exposa un vitrail destiné à la chapelle du château d'Eu. Il était peint par MM. Vatinel et Berenger, d'après le tableau de M. Delaroche, et les cartons de M. Chenavard. Ce vitrail était la meilleure preuve que l'on pût donner que les procédés de la peinture sur verre, bien loin d'être perdus, étaient arrivés au point que, sous ce rapport, elle n'avait plus rien à envier au moyen-âge, ni aux plus beaux temps de la renaissance. Néanmoins quelques critiques ont porté sur ce vitrail et sur la peinture sur verre actuelle un jugement fort remarquable, que nous adoptons sans restriction.

Nos peintres sur verre ont le défaut de vouloir dépasser les bornes de leur art, et de chercher à lutter avec la peinture à l'huile, pleine de ressources nombreuses, inaccessibles à la peinture sur verre, « qui ne doit être qu'une peinture de décoration à tons pleins et francs, un assemblage de verres de couleurs constamment brillantes, disposés de manière à représenter un sujet ; en un mot, une mosaïque transparente. Tel est aussi le caractère distinctif des vitraux du moyen-âge : des figures dans le style naïf du Giotto et de Cimabue ; des lignes simples, des teintes plates, des couleurs vives et antithétiques. Au lieu de cela, que fait-on aujourd'hui à Paris et à Londres, des imitations en verre de peintures à l'huile, qui rentrent tout à fait dans le domaine de la peinture de trompe l'œil (1). »

A l'appui de cette opinion, je ne puis mieux faire que de citer les vitres peintes à Sèvre, qui ont été placées dans l'église de Notre-Dame-du-Port ; ce sont de petits médaillons de quatre pouces, représentant cha-

______

(1) De Conche, *de l'Etat actuel des Arts en Europe*. Le même auteur parle d'un tableau de quatre pieds carrés, peint sur verre, et représentant Josué arrêtant le soleil, d'après Martin, qui s'est vendu à Londres 100 guinées.

cau un oiseau imaginaire, et autour desquels circule un lacis de feuillage ; tout cela est exécuté avec beaucoup de finesse et d'habileté, mais ne peut pas supporter un éloignement de plus de dix pas, et rentre complétement dans les produits des manufactures de papiers peints. Il n'existe dans ce travail aucune entente de l'effet que doit produire un vitrail placé à vingt-cinq ou trente pas de distance, ni rien qui rappelle une idée religieuse, condition de rigueur dans un édifice consacré au culte.

On reproche également aux vitres de la chapelle de Randan, peintes à Sèvre, de sortir du véritable genre de la peinture sur verre, qui ne peut rivaliser avec la peinture à l'huile, sans perdre quelque chose de la richesse de ses tons. Quelques personnes m'ont même assuré que le soleil avait singulièrement affaibli les couleurs de ce vitrail ; ce qui est impossible, si, comme je le pense, il est peint avec les couleurs vitrifiables qu'employaient les anciens et que nous employons nous-mêmes.

Le peintre sur verre , maître de ces procédés si difficiles , n'a donc plus qu'à se pénétrer de ces principes, et , sous ce rapport, les admirables ouvrages des Jean Cousin , des

Pinaigrier et autres célèbres artistes, seront toujours des modèles dont il ne saurait guère s'écarter.

Enfin, la peinture sur verre, long-temps restée dans l'oubli, va reparaître plus brillante que jamais ; elle n'attendait plus, pour devenir aussi populaire qu'au moyen-âge, que la protection et les encouragemens accordés, à cette époque, aux artistes qui la pratiquaient. Ces encouragemens ne lui ont pas manqué ; ses brillans produits commencent à être recherchés avec empressemeut ; on s'occupe avec activité de restaurer ou rétablir les antiques verrières de nos monumens religieux, et le moment n'est pas éloigné où la peinture sur verre viendra, soutenue par la mode, orner nos édifices publics et peut-être nos demeures.

On nous saura gré, j'ose l'espérer, d'avoir essayé, dans cet élan général, de doter notre pays d'une nouvelle industrie, en nous livrant avec zèle et persévérance à cet art si difficile et si attrayant, ainsi qu'à tous ceux qui tiennent à la vitrification.

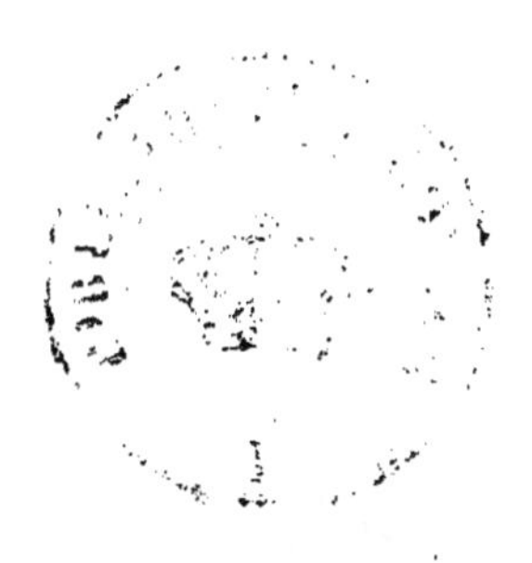

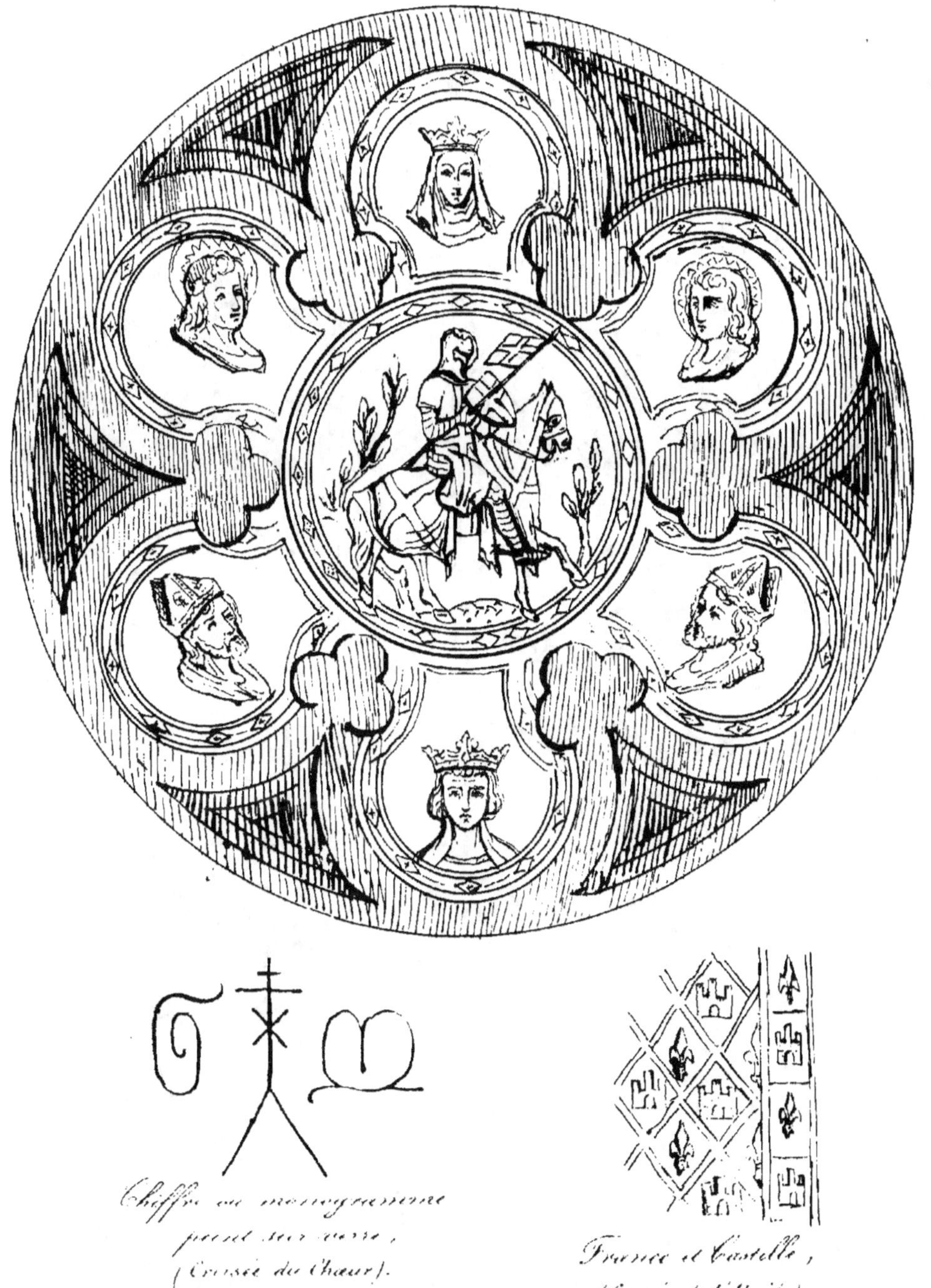

Chiffre ou monogramme
peint sur verre,
(Croisée du Chœur).

France et Castille,
(Croisée de l'Abside).

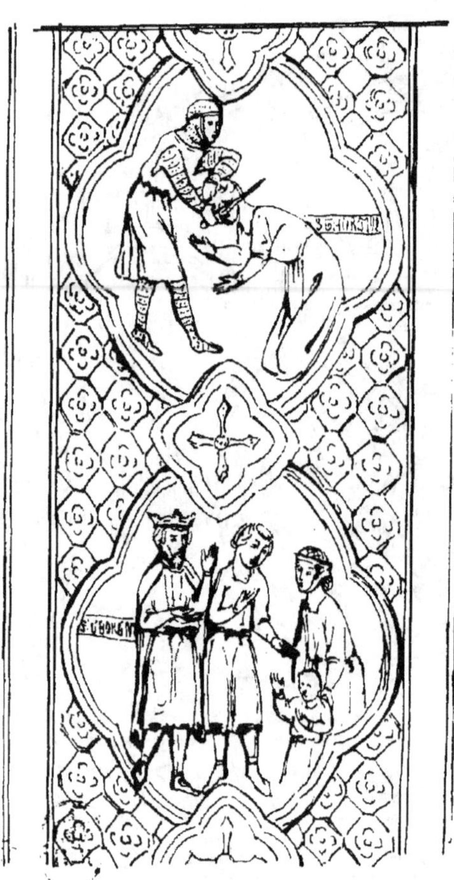

Fragment du Vitrail
de St Georges.

(Abside.)

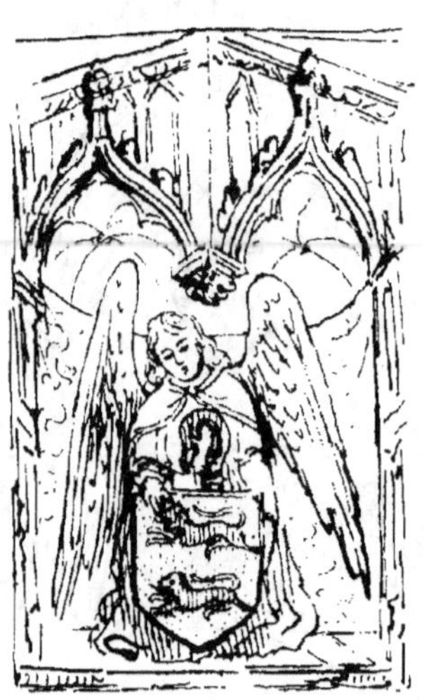

Armes de Jacques de Combort.
(Croisée de la Nef.)

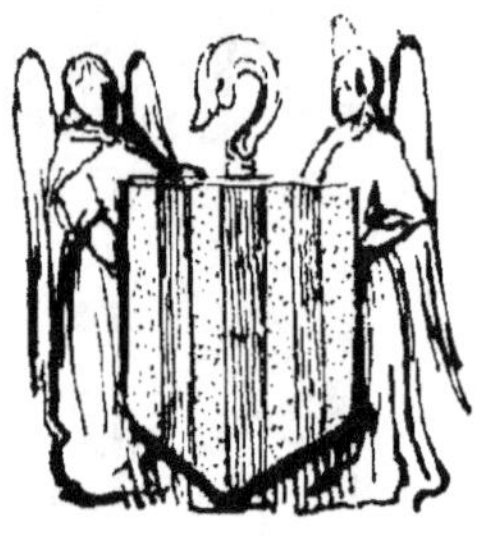

Jacques d'Amboise.
(Nef.)